AF336532

INSTRUCTION

DU 6 AOUT 1901

SUR LE

SERVICE DES ÉCOLES RÉGIMENTAIRES

DES

CORPS DE TROUPE D'INFANTERIE

ET SUR LA

PRÉPARATION DES CANDIDATS

A

L'ÉCOLE MILITAIRE D'INFANTERIE

PARIS

LIBRAIRIE MILITAIRE R. CHAPELOT ET Cᵉ

IMPRIMEURS-ÉDITEURS

30, Rue et Passage Dauphine, 30

1901

INSTRUCTION

DU 6 AOUT 1901

SUR LE

SERVICE DES ÉCOLES RÉGIMENTAIRES

DES

CORPS DE TROUPE D'INFANTERIE

ET SUR LA

PRÉPARATION DES CANDIDATS A L'ÉCOLE MILITAIRE D'INFANTERIE

(Direction de l'infanterie; Bureau de l'instruction, etc.) N° 100.

Document abrogé : Règlement du 30 juillet 1879 sur le service des Écoles régimentaires.

CHAPITRE Ier.

OBJET ET DIVISION DU SERVICE.

Dans chaque régiment d'infanterie, ou bataillon formant corps, le service des écoles régimentaires comprend le cours primaire et le cours préparatoire.

Le cours primaire est destiné aux illettrés.

Le cours préparatoire a pour but de développer l'instruction générale des gradés désireux d'arriver au grade de sous-lieutenant.

CHAPITRE II.

COURS PRIMAIRES DE COMPAGNIE.

Le cours primaire est obligatoire pour les illettrés seulement; ils cessent d'y assister dès qu'ils savent lire, écrire et compter.

Dans chaque compagnie, le sergent-major, aidé des moniteurs nécessaires, est spécialement chargé de l'instruction primaire sous la direction du capitaine et la surveillance des chefs de peloton.

L'école se fait chaque jour dans les chambres de la compagnie.

CHAPITRE III.

COURS PRÉPARATOIRE.

Le cours préparatoire, divisé en deux degrés, commence le 15 novembre et se poursuit jusqu'au 1er août. Il est facultatif. L'admission des élèves aux cours du premier et du deuxième degré est prononcée sur leur demande par le chef de corps.

Sont admis à suivre le cours du premier degré les gradés, sous-officiers et caporaux ayant plus d'un an de service, susceptibles de concourir par la suite pour l'admission à l'Ecole militaire d'infanterie.

Les élèves admis au cours du premier degré sont tenus de le suivre pendant toute l'année scolaire; ils peuvent y être maintenus au delà d'une année, jusqu'à ce que leur instruction leur permette de passer au cours du deuxième degré.

Le cours du deuxième degré est réservé exclusivement aux sous-officiers qüi doivent être présentés par le chef de corps, dans l'année courante, pour le grade de sous-lieutenant. Ceux dont la proposition pour ce grade n'est pas maintenue sont, par le fait même, rayés du cours du deuxième degré et réadmis, sur leur demande, au cours du premier degré.

Le cours du deuxième degré comprend deux périodes :

La première, du 15 novembre au 15 mars, a pour objet d'affermir et de compléter les connaissances acquises au cours du premier degré;

La deuxième, du 16 mars au 1er août, est consacrée spécialement à la préparation au concours d'admission à l'Ecole militaire d'infanterie.

Pour être presentés pour le grade de sous-lieutenant et être admis, s'ils le désirent, à suivre les séances de revision de la deuxième période du cours du second degré, les sous-officiers sont tenus de justifier qu'ils connaissent toutes les matières du programme du cours du premier degré et de la première période du cours du second degré.

Des examens ont lieu, à cet effet, dans les conditions fixées au chapitre VI.

RÉPARTITION DE L'ENSEIGNEMENT.

L'enseignement du cours préparatoire comprend : le français, l'histoire, la géographie, l'arithmétique, la géométrie plane et la topographie.

Il est réparti de la façon suivante :

Cours du 1er degré.		*Cours du 2e degré (1re période).*	
Français	20 séances.	Français	6 séances.
Histoire	20 —	Géographie	6 —
Géographie	20 —	Arithmétique	5 —
Arithmétique	8 —	Géométrie et topogra-	
Géométrie	12 —	phie	8 —
	80 séances.		25 séances.

La deuxième période du cours du second degré comprend environ cinquante séances, qui sont consacrées à la revision des matières du programme et aux exercices d'application préparant directement aux examens d'admission à l'Ecole militaire d'infanterie.

CHAPITRE IV.

PERSONNEL.

L'enseignement du cours préparatoire est confié à des officiers du grade de lieutenant, choisis par le chef de corps, sur la présentation du lieutenant-colonel, en raison de leurs aptitudes spéciales et des études pour lesquelles ils auraient montré un goût particulier.

Ces officiers sont désignés pour une période de deux années au moins, de manière à professer successivement les cours du premier degré et ceux du deuxième degré.

Lorsque le nombre des officiers susceptibles de donner l'enseignement le permet, trois professeurs sont affectés aux cours de chaque degré : le premier, au cours de français, le second aux cours d'histoire et de géographie, le troisième aux cours d'arithmétique, de géométrie et de topographie. Dans le cas contraire, les cours sont répartis entre les officiers disponibles en raison de leurs aptitudes.

Dans chaque corps, un capitaine, nommé par le chef de corps, sur la proposition du lieutenant-colonel, est chargé de diriger l'enseignement du cours préparatoire; il a sous ses ordres un secrétaire pour la conservation du matériel, la tenue des comptes et les écritures.

Dans les régiments et bataillons fractionnés, dans les écoles militaires qui ressortissent à l'arme de l'infanterie, et dans les compagnies formant corps, les chefs de corps sont chargés de prendre, pour le fonctionnement des écoles régimentaires, telles mesures qu'ils jugeront convenable, en conciliant les exigences du service avec les dispositions fondamentales du règlement.

CHAPITRE V.

ATTRIBUTIONS DU PERSONNEL.

Le chef de corps détermine les heures des différents cours et les réserve sur le tableau du service journalier. Les heures sont choisies de façon à ne pas distraire les élèves et les professeurs du principal exercice de la journée.

En principe, il est fait, chaque semaine, trois séances du 15 novembre au 15 mars et deux séances du 15 mars au 1er août.

La durée des séances est de une heure à une heure et demie.

Des séances spéciales sont toujours affectées aux cours de chaque degré, de telle façon que les élèves des deux degrés ne soient jamais réunis, même s'ils ont le même professeur.

Le chef de corps exige que les élèves inscrits aux différents cours n'en soient distraits sous aucun prétexte.

La surveillance générale des écoles appartient au lieutenant-colonel.

Il rend compte au colonel de la marche de l'instruction et lui adresse, en fin d'année, le rapport d'ensemble du capitaine directeur avec ses observations.

Le capitaine dirige les professeurs.

Tout en leur laissant la plus grande initiative, il contrôle fréquemment les résultats acquis, interroge les élèves et se fait présenter les devoirs corrigés.

Il veille à ce que les professeurs restent dans les limites des programmes.

A la fin de chaque cours, il fait faire le relevé et la moyenne des notes obtenues par chaque élève dans le courant de l'année et les adresse au lieutenant-colonel. Ces notes sont communiquées aux chefs de bataillon et commandants de compagnie intéressés.

Les officiers professeurs sont responsables de l'ordre et de la tenue des classes. Ils rendent compte au capitaine des motifs d'absence des élèves, lui font connaître les punitions infligées et lui adressent, à la fin de chaque mois, les notes des élèves.

Une même séance peut être affectée à l'étude de plusieurs matières de même nature, si elles sont enseignées par le même officier.

Chaque séance est, en général divisée en deux parties :

La première partie est consacrée aux interrogations sur la leçon et à la correction des devoirs. Autant que possible, les élèves sont tous interrogés et notés à chaque séance.

C'est en multipliant les interrogations que le professeur arrive à développer les qualités de jugement et de netteté d'esprit des élèves, car il les oblige ainsi à réfléchir, à concevoir et à exprimer clairement leur pensée. Tous les points de la leçon qui n'auraient pas été parfaitement compris sont l'objet d'explications détaillées.

La deuxième partie est consacrée à la leçon du jour. Le professeur n'a pas à développer les sujets traités dans les ouvrages mis à la disposition des élèves; il se borne à indiquer les parties du cours à étudier pour la séance suivante, attire l'attention des élèves sur les points les plus délicats et donne tous les éclaircissements qui seraient de nature à faciliter leur tâche.

Il évite d'entrer dans des détails qui surchargeraient inutilement la mémoire, s'efforce avant tout de bien mettre en lumière les idées générales, en laissant à chaque élève le soin d'acquérir par un effort personnel les connaissances du cours.

Dans l'intervalle des séances, les officiers professeurs peuvent, lorsqu'ils le jugent nécessaire, prendre certains élèves en particulier pour leur donner un complément d'instruction ou pour corriger leurs devoirs.

Ces leçons individuelles présentent la plus grande utilité dans la deuxième période du cours du deuxième degré, consacrée à la préparation aux examens d'admission à l'Ecole de Saint-Maixent. C'est, d'ailleurs, en rendant aux élèves le travail intéressant, en s'occupant d'eux avec zèle et dévouement, que les professeurs obtiendront les meilleurs résultats.

Les chefs de corps accordent aux officiers professeuurs les dispenses de service nécessaires pour leur permettre de préparer les cours et de corriger les devoirs.

Ils ne perdent pas de vue que, dans l'intérêt général de l'armée, il est de leur devoir de ne négliger aucun des éléments susceptibles de concourir à la bonne constitution des cadres.

CHAPITRE VI.

EXAMEN.

Du 15 mars au 1er avril, les sous-officiers susceptibles d'être présentés pour le grade de sous-lieutenant dans l'année, sont soumis à un examen sur les matières du programme, qu'ils aient suivi ou non les cours.

La commission d'examen est composée de la manière suivante :

Le lieutenant-colonel ou le chef de corps dans les bataillons formant corps, *Président ;*

Le chef de bataillon du sous-officier examiné, *membre ;*

Les officiers professeurs du cours du deuxième degré, *membres.*

L'examen comporte les mêmes épreuves écrites que le concours d'admission à l'Ecole militaire d'infanterie et des interrogations sur toutes les matière du programme.

Cet examen ne donne lieu à aucun classement. Pour être proposés pour le grade de sous-lieutenant, les sous-officiers doivent obtenir au moins la note 8 dans chaque matière et la note moyenne 13 pour l'ensemble.

L'échelle des notes est la suivante :

Parfaitement	20.
Très bien	19, 18, 17.
Bien	16, 15, 14.
Assez bien	13, 12, 11.
Passable	10, 9, 8.
Médiocre	7, 6, 5.
Mal	4, 3.
Très mal	2, 1.
Nul	0.

CHAPITRE VII.

ÉDUCATION ET INSTRUCTION MILITAIRES.

L'éducation et l'instruction militaires des candidats au grade de sous-lieutenant sont données dans la compagnie.

Le capitaine et les officiers de compagnie saisissent toutes les occasions de leur inspirer le sentiment du devoir, de développer leur jugement et leur caractère; ils veillent à ce qu'ils commandent avec tact.

Le capitaine s'assure qu'ils suivent avec assiduité les exercices physiques et d'escrime.

Les sous-officiers proposés doivent continuer à exercer effectivement les fonctions de leur grade et participer pendant toute l'année d'instruction aux exercices de leur compagnie, sous la réserve de ne pas être distraits du cours préparatoire.

Les officiers les guident dans l'étude des règlements et des connaissances militaires prévues au programme, et s'attachent à développer leur instruction militaire pratique en leur confiant un commandement effectif aussi bien dans les exercices à rangs serrés que dans les manœuvres en terrains variés et le service en campagne. Dans tous ces exercices, même à l'école du soldat et à l'école de compagnie à rangs serrés, les officiers doivent toujours faire appel au bon sens et au jugement des sous-officiers, en visant dans toute question le but tactique à atteindre.

Ils les exercent à remplir les missions qui peuvent être confiées à un chef de section dans le service de sûreté en marche ou en station, au cantonnement, dans les reconnaissances, etc., à rédiger un rapport court et simple, à exécuter un dessin explicatif des dispositions prises, à lire la carte, etc.

Pour laisser aux candidats, à l'approche des examens, toutes les facilités de travail, le chef de corps les dispense de tout service pendant les 4 ou 5 semaines qui précèdent l'époque probable des examens oraux d'admission à l'Ecole militaire d'infanterie.

A partir du 1er octobre, des officiers pris parmi ceux qui sont chargés des cours de revision, les guident dans leur préparation et leur font exécuter des exercices ayant pour but de développer leur instruction militaire en vue du concours.

CHAPITRE VIII.

CERTIFICAT D'INSTRUCTION MILITAIRE.

Dans chaque corps de troupe, une commission composée du chef de corps et des officiers supérieurs délivre le certificat d'instruction militaire aux sous-officiers qu'elle juge aptes, au point de vue professionnel, à être proposés pour le grade de sous-lieutenant.

Les sous-officiers appartenant à des fractions détachées sont envoyés à la portion principale pour subir l'examen.

La commission des bataillons formant corps ou des bataillons détachés hors du territoire du corps d'armée auquel appartient leur régiment, comprend le chef de bataillon et les capitaines.

Dans les écoles militaires ressortissant à l'infanterie, la commission est présidée par le commandant de l'école et comprend au moins cinq membres désignés par lui.

Les sous-officiers des sections de secrétaires d'état-major et de recrutement, d'infirmiers et de commis et ouvriers militaires d'administration se présentent, pour obtenir le certificat, devant la commission d'un corps d'infanterie désigné par le général commandant le corps d'armée et, autant que possible, le plus voisin de leur résidence.

Les généraux commandant les corps d'armée prennent, sous leur responsabilité, en ce qui concerne la délivrance du certificat aux sous-officiers appartenant à des fractions de corps de troupe inférieures à un bataillon détachées sur leur territoire, qui se trouvent dans des situations particulières, toutes les dispositions nécessaires, en observant de rester dans l'esprit de la présente instruction.

La constatation de l'aptitude professionnelle des candidats comporte des épreuves analogues à celles de l'examen d'admission à l'Ecole militaire d'infanterie. Ces épreuves, qui doivent porter sur toutes les matières du programme d'instruction militaire, sont subies dans le courant du mois de mai.

Le certificat, conforme au modèle n° 1, n'est délivré qu'aux candidats qui ont obtenu une note moyenne égale ou supérieure à 8 dans chaque matière et une note moyenne égale ou supérieure à 13 pour l'ensemble des matières du programme d'instruction militaire.

CHAPITRE IX.

DEVOIRS DU COMMANDEMENT.

Le commandement a le devoir d'exercer, à toute époque de l'année, le contrôle le plus actif sur le fonctionnement des cours des écoles régimentaires et sur le soin avec lequel les officiers de compagnie dirigent l'éducation et l'instruction militaires des candidats à l'Ecole militaire d'infanterie.

Tout en laissant à chacun l'initiative la plus large, il veille à ce que tous apportent le zèle désirable à l'accomplissement de la tâche qui leur est confiée ; il s'intéresse aux méthodes employées, vérifie les résultats acquis et saisit toutes les occasions qui s'offrent à lui de se former une opinion personnelle sur la valeur des candidats qu'il aura à noter.

L'admission au concours pour l'Ecole militaire d'infanterie constitue une véritable proposition pour le grade de sous-lieutenant.

Il importe donc à la bonne constitution des cadres de l'armée que la préparation des sous-officiers jugés susceptibles de s'y présenter soit l'objet de l'attention la plus soutenue et que les officiers généraux se rendent compte personnellement, au cours de leurs inspections, que rien n'a été négligé pour l'assurer dans les conditions les meilleures.

ANNEXE Nᵒ 1.

CHAPITRE Iᵉʳ.

PROGRAMMES D'ENSEIGNEMENT GÉNÉRAL.

Cours de français.

1ᵉʳ *Degré*.

Revision des règles de la grammaire.
Exercices de français.
Dictées.
Règles de style et de rédaction.
Exercices de rédaction.

2ᵉ *Degré*.

Lecture de morceaux choisis. Dictées et exercices de rédaction.

Ouvrages mis à la disposition des professeurs.

Larive et Fleury : 1º Deuxième année de grammaire, *livre du maître ;* 2º Troisième année de grammaire, *livre du maître.*
Parties du livre à utiliser : Style et composition, de la page 230 à la page 269.
Notions d'histoire littéraire de la France : de la page 311 à la page 345 ;
3º Exercices français de troisième année, *livre du maître.*
Parties du livre à utiliser : sujets de rédaction et morceaux choisis.

Ouvrages mis à la disposition des élèves.

Larive et Fleury : La deuxième année de grammaire. Editeur : Armand Colin, 5, rue de Mézières.

Cours d'histoire.

Résumé d'histoire ancienne. — Les origines. La Chine et les Mongols. L'Inde. L'Egypte. Assyriens et Phéniciens. Les Juifs. Les Mèdes et les Perses. La Grèce. Lycurgue et Solon. Guerres médiques. Sparte. Athènes. Thèbes. Philippe et Alexandre. Rome. La conquête de l'Italie. Guerres puniques. Guerres civiles. Pompée et César. Cicéron. Chute de la République.
Les empereurs romains. L'anarchie militaire. Constantin. Le christianisme.

Résumé d'histoire du moyen âge. — La Gaule et les Francs. Charlemagne. La féodalité. Les croisades.

Formation du royaume de France. Les Capétiens. La guerre de Cent ans. Jeanne d'Arc.

Histoire moderne.

Louis XI. — Charles VIII. Louis XII. François Ier et Charles-Quint. La Renaissance. La Réforme. Les guerres de religion. Henri IV. Louis XIII et Richelieu.

Minorité de Louis XIV. — Mazarin. La Fronde. Traité des Pyrénées. Caractère de Louis XIV. Colbert. Louvois. Vauban.

Guerres de Dévolution et de Hollande. Traité de Nimègue. Révocation de l'édit de Nantes. La révolution de 1688 en Angleterre (résumé). Guerre de la ligue d'Augsbourg. Paix de Ryswick. Guerre de la Succession d'Espagne. Traités d'Utrecht et de Rastadt.

Les lettres, les sciences et les arts sous Louis XIV.

Pierre le Grand et Charles XII (résumé).

Louis XV. — Régence du duc d'Orléans. Law. Fleury. Guerre de la Succession de Pologne. Guerre de la Succession d'Autriche. Guerre de Sept ans.

Acquisition de la Lorraine et de la Corse. Choiseul. Puissance maritime de l'Angleterre.

Résumé des luttes de la France et de l'Angleterre aux Indes et de la guerre de l'Indépendance des Etats-Unis. Traités de Versailles. Formation du royaume de Prusse et Frédéric le Grand (résumé).

La Russie sous Catherine II (résumé).

Le XVIIIe siècle : lettres, sciences et arts.

Préliminaires de la Révolution.

Louis XVI. — Malesherbes. Turgot. Necker. Les Etats généraux de 1789.

La Révolution. L'Assemblée constituante et ses réformes. L'Assemblée législative. L'invasion.

La Convention. — La Terreur. Le 9 Thermidor. Première coalition. Traité de Bâle. Guerre de Vendée. Constitution de l'an iii.

Le Directoire. — Campagne d'Italie. Expédition d'Egypte. Deuxième coalition. Campagne de 1799. Le 18 brumaire.

Le Consulat. — Constitution de l'an viii. Réformes du Consulat. Campagne de 1800. Traités de Lunéville et d'Amiens.

L'Empire. — Gouvernement intérieur. Politique extérieure. Campagnes de 1805, 1806, 1807, 1809. Guerre d'Espagne. Blocus continental. Campagnes de Russie, de Saxe et de France. Invasion de 1814. Traité de Paris.

La Restauration. — La Charte. Les Cent-Jours. Traités de 1815. Louis XVIII. Résultats généraux de la Restauration. Charles X. Les ordonnances de Juillet. Révolution de 1830.

La Sainte-Alliance. — La France en Espagne. Résumé sur l'émancipation des colonies espagnoles et portugaises, sur l'insurrection de la Grèce. Bataille de Navarin.

Louis-Philippe. — Charte de 1830. Occupation d'Ancône. Indépendance de la Belgique.

Résumé de la question d'Orient et du rôle joué par Méhémet-Ali.

Conquête de l'Algérie. Résultats généraux du gouvernement de Juillet.

Révolution de 1848. Son contre-coup en Europe. Coup d'Etat du 2 décembre 1851. Le second Empire.

Guerre de Crimée. — La question italienne. Guerre d'Italie. Résumé de la guerre de 1866.

Résumé de la guerre de Sécession, de la guerre du Mexique et des guerres en Extrême Orient.

Guerre de 1870. — Chute de l'Empire. Gouvernement de la Défense nationale. Deuxième partie de la guerre. La République. Lois constitutionnelles de 1875.

Résumés des principaux événements survenus en Europe depuis 1875.

Ouvrages mis à la disposition des élèves et des professeurs.

1° *Victor Duruy* : Petite histoire générale. (Parties du livre à utiliser : Histoire ancienne, pages 1 à 81. Histoire du moyen âge, pages 85 à 122. Histoire moderne, pages 127 à 156.)

2° *G. Ducoudray* : Histoire générale de 1610 à nos jours.

Nota. — L'enseignement sera limité aux parties des deux ouvrages d'histoire mentionnés sur le programme.

Editeur : Hachette, 79, boulevard Saint-Germain.

Cours de géographie.

1ᵉʳ *Degré.*

Étude de la France.

Géographie générale. — Situation de la France. Géologie. Relief du sol. Climats. Côtes. Fleuves. Productions. Population.

Etude des régions de la France. — Massif central, région du Nord-Est, région de l'Ouest, région du Sud-Ouest, région de l'Est.

Géographie politique. — Unité territoriale de la France. Organisation politique et administrative. Défense du territoire. Etat économique.

Colonies françaises. — Empire colonial français. L'Algérie. La Tunisie. L'Indo-Chine française. Colonies secondaires.

Étude de l'Europe.

Géographie physique.
Géographie politique.
Péninsule des Balkans.
L'Italie.
La péninsule Ibérique.
Grande-Bretagne et Irlande.
Pays-Bas.
Suisse.
Allemagne.
Autriche-Hongrie.
L'empire russe.
Les États scandinaves.
La civilisation européenne.

Le cours sera complété par de nombreux exercices de cartographie faits de mémoire au tableau noir.

2ᵉ *Degré.*

Étude des parties du monde.

Océanie. — Description générale. La Malaisie. Mélanésie. Micronésie. Polynésie. L'Australie. Le pôle Sud.

Amérique. — L'Amérique du Nord; description générale. Le pôle Nord. Le Dominion canadien. Les États-Unis. Le Mexique. L'Amérique centrale. Les Antilles.

L'Amérique du Sud; description générale. Les États du Pacifique. Les États de l'Atlantique.

L'Afrique. — Description générale. L'Afrique méditerranéenne. L'Afrique intérieure. L'Afrique littorale de l'Est et de l'Ouest.

L'Asie. Géographie physique. L'Asie politique. L'Asie septentrionale ou russe. L'Asie orientale. L'Asie méridionale. L'Asie occidentale. La civilisation de l'Asie.

Le cours sera complété par de nombreux exercices de cartographie faits de mémoire au tableau noir.

Ouvrages mis à la disposition des professeurs et des élèves.

P. Schrader et L. Gallouédec : 1º Petit cours de géographie. (Partie du livre à utiliser : pour le 1ᵉʳ degré, de la page 251 à la page 415 et de la page 175 à la page 248; pour le 2ᵉ degré, de la page 45 à la page 173);

2º Petit atlas de géographie.

Editeur : Hachette, 79, boulevard Saint-Germain.

Cours d'arithmétique.

1ᵉʳ *Degré*.

Revision des principes élémentaires de l'arithmétique. Addition. Soustraction. Multiplication des nombres entiers. Principes ayant trait à la multiplication.

Division des nombres entiers.

Divisibilité des nombres. Généralités sur les fractions ordinaires. Nombres fractionnaires. Addition et soustraction des fractions.

Multiplication et division des fractions. Fractions décimales. Addition, soustraction et multiplication des fractions décimales.

Division des fractions décimales.

Transformation d'une fraction ordinaire en fraction décimale et réciproquement.

2ᵉ *Degré*.

Système métrique.

Méthode de réduction à l'unité. Règles de trois.

Règles d'intérêt. Partage d'une somme en parties proportionnelles.

Addition algébrique. Règle des signes.

Ouvrages mis à la disposition des professeurs.

Leyssenne : la troisième année d'arithmétique, livre du maître.

Ouvrages mis à la disposition des élèves.

Leyssenne : la deuxième année d'arithmétique. (Parties du livre à utiliser : les cinq premières parties, pages 1 à 281, en limitant l'enseignement aux indications du programme.)

Editeur : Armand Colin, 5, rue de Mézières.

Cours de géométrie et de topographie.

1ᵉʳ *Degré*.

Définitions. Angles adjacents. Angles opposés par le sommet.

Cas d'égalité des triangles.

Triangle isocèle, Bissectrice. Propriétés de la perpendiculaire et de l'oblique. Cas d'égalité des triangles rectangles.

Des droites parallèles.

Angles dont les côtés sont parallèles ou perpendiculaires. Quadrilatères. Propriétés du parallélogramme.

Circonférence. Propriétés des cordes égales. Du rayon perpendiculaire à une corde.

Tangente à une circonférence.

Mesure des angles et des arcs avec le rapporteur.

2ᵉ *Degré.*

Usage de la règle, du compas, de l'équerre et du rapporteur.
Lignes proportionnelles. Triangles semblables.
Mesure des surfaces.
Surface d'un polygone. Surface d'un cercle.
Applications numériques. Définition et mesures des principaux solides (donner sans démonstration les formules de leur volume).
Courbes usuelles.

Topographie. — Cartes, échelles.
Figuré du terrain. Signes conventionnels.
Courbes de niveau et hachures.
Lecture de la carte.

Ouvrages mis à la disposition des professeurs.

Leysenne : La troisième année d'arithmétique, livre du maître. (2ᵉ semestre, géométrie.)

Ouvrages mis à la disposition des élèves.

Leysenne : La troisième année d'arithmétique. (Parties du livre à utiliser : Géométrie plane, de la page 3 à la page 114 ;
Géométrie dans l'espace, de la page 178 à la page 213, parties qui correspondent aux indications du programme ;
Topographie, de la page 114 à la page 177.)
Editeur : Armand Colin, 5, rue de Mézières.

CHAPITRE II.

PROGRAMMES D'INSTRUCTION MILITAIRE.

1º Enseignement théorique.

I. — Règlement sur l'exercice et les manœuvres de l'infanterie (école du soldat, de section et de compagnie).

II. — Instruction sur le service de l'infanterie en campagne.

III. — Règlement sur le service intérieur des corps de troupe d'infanterie (1).

IV. — Règlement sur le service des places (1).

(1) Les sous-officiers ne sont pas interrogés sur les articles suivants : service intérieur (art. 6, 7, 8, 10, 11, 12, 15, 16, 17, 18, 21, 22, 23, 25, 26, 31, 32, 33, 34, 35, 36, 38, 39, 40, 41, 42, 43, 46, 50, 52, 54, 56, 61, 68, 70, 72, 76, 78, 250, 251, 252, 253, 254, 255, 261, 262, 263, 264, 265, 266, 268, 278, 361 à 376 inclus, 383, 384, 385, 386, à partir du 8ᵉ alinéa ; 398, 401, 402, 449).
Service des places (chapitre IV, art. 52, 53, 54, 55 ; chapitres XIV, XVIII, XXVII, XXIX, XXX).

V. — Règlement sur l'instruction du tir et instruction sur l'armement, les munitions, les champs de tirs et le matériel de l'infanterie.

VI. — Instruction sur les travaux de campagne à l'usage des troupes d'infanterie.

VII. — Manuel de gymnastique.

VIII. — Lecture de la carte au 1/80,000e.

IX. — Comptabilité de compagnie.

2° Enseignement pratique.

I. — L'école du soldat et l'instruction du tir comme instructeur.

II. — Commandement de la section isolée et dans la compagnie, à rangs serrés et en terrains variés.

III. — Commandement d'une pointe d'avant-garde, d'une patrouille d'un petit poste au service en campagne.

IV. — Gymnastique comme exécutant et comme instructeur.

V. — Escrime comme exécutant.

ANNEXE N° 2.

MATÉRIEL.

La salle d'école a un mobilier composé comme il suit :

Une estrade pour le professeur ;
Un bureau avec tiroir fermant à clef placé sur l'estrade ;
Six chaises ;
Des tables garnies d'encriers et de bancs;
Une armoire fermant à clef, munie de ses rayons;
Le nombre de lampes nécessaires;
Les murs sont garnis de portemanteaux en nombre suffisant.

Le matériel fixe d'enseignement comporte :

1° Un globe terrestre;
2° Des cartes géographiques collées sur toile et accrochées au mur;
3° Un relief représentant les diverses formes du terrain;
4° Un tableau noir.

Le matériel mobile comprend les livres, objets divers et fournitures nécessaires à l'enseignement tant du cours préparatoire que du cours primaire de compagnie.

Le capitaine directeur tient :

1° Un registre du personnel des écoles modèle n° 2, sur lequel figurent les professeurs et les élèves du 1er et du 2e degré, ainsi que les mutations les concernant;
2° Un registre du matériel modèle n° 3.

Il fait établir les pièces de dépenses pour l'achat des fournitures nécessaires à l'enseignement des cours primaire et préparatoire.

° CORPS D'ARMÉE.

° DIVISION.

° BRIGADE.

° RÉGIMENT D'INFANTERIE.

CONCOURS

pour l'admission à l'Ecole militaire d'infanterie
en 190 .

CERTIFICAT d'instruction militaire théorique et pratique délivré à M.   , n° matricule   (Grade)   à la   ° compagnie du ° bataillon.

La Commission du   ° régiment d'infanterie certifie qu'au point de vue de l'instruction militaire théorique et pratique, M.   est apte à être proposé pour le grade de sous-lieutenant.

A   , le   190 .

Le Major,   *Les Chefs de bataillon,*

Le Lieutenant-Colonel,   *Le Colonel,*

MOYENNE DES NOTES OBTENUES
(exprimée dans la notation de 0 à 20).

Instruction militaire théorique . . . .
Manœuvres à rangs serrés et en terrains variés.
Service en campagne . . . .
Escrime . . . .
Gymnastique . . . .

2

ÉCOLES
RÉGIMENTAIRES

MODÈLE Nº 2.
—
(Annexe nº 2 du Règle-
ment.)

ᶜ RÉGIMENT D'INFANTERIE.

REGISTRE DU PERSONNEL DES ÉCOLES.

(*Professeurs et élèves.*)

CHAPITRE Ier. — LISTE DES OFFICIERS

NOMS.	GRADES.	

PROFESSEURS DU COURS PRÉPARATOIRE.

MUTATIONS ET OBSERVATIONS.
1er degré.
2e degré.

CHAPITRE II. — LISTE DES ÉLÈVES DU COURS PRÉPARATOIRE (1er degré).

NUMÉROS.			NOMS.	GRADES.	MUTATIONS ET OBSERVATIONS.
BATAILLON.	COMPAGNIE.	MATRICULES.			

CHAPITRE III. — LISTE DES ÉLÈVES DU COURS PRÉPARATOIRE (2e degré, 1re période).

NUMÉROS.			NOMS.	GRADES.	MUTATIONS ET OBSERVATIONS.
BATAILLON.	COMPAGNIE.	MATRICULES.			

CHAPITRE IV. — Liste des élèves du cours préparatoire (2e degré, 2e période).

NUMÉROS.			NOMS.	GRADES.	MUTATIONS ET OBSERVATIONS.
BATAILLON.	COMPAGNIE.	MATRICULES.			

MODÈLE Nº 3.

(Annexe nº 2 du Règlement.)

RÉGIMENT D'INFANTERIE.

REGISTRE DU MATÉRIEL DES ÉCOLES.

CHAPITRE Ier. — OBJETS MOBI

DATES.	DÉTAIL.	DÉSIGNATION DES OBJETS.								OBSERVATIONS.
	TOTAUX.....									
	Report des sorties..									
	Reste au dernier jour du trimestre.....									

LIERS DU SERVICE DU GÉNIE.

DATES.	DÉTAIL.	DÉSIGNATION DES OBJETS.								OBSERVATIONS.
	TOTAUX....									

CHAPITRE II. — Matériel — ACHETÉ PAR LE CORPS.

Entrées.

DATES.	DÉTAIL.	DÉNOMINATION DES OBJETS.	DÉCOMPTE en argent.
	Prix.....		
	Totaux.		
	Report des sorties..		
	Reste au dernier jour du trimestre.....		

Sorties.

DATES.	DÉTAIL.	DÉNOMINATION DES OBJETS.	DÉCOMPTE en argent.
	Prix.....		
	Totaux.....		

CHAPITRE III. — Dépenses.

DATES.	NOMS et ADRESSES des fournisseurs.	DÉTAIL.	PRIX de L'UNITÉ.	MONTANT.	MONTANT de la FACTURE.

CHAPITRE IV. — Objets fournis aux compagnies.

NUMÉ-ROS. Bataillon. Compagnie.	DA-TES.	DÉTAIL.	PRIX DE L'UNITÉ.	VA-LEUR.	NUMÉ-ROS. Bataillon. Compagnie.	DA-TES.	DÉTAIL.	PRIX DE L'UNITÉ.	VA-LEUR.